BEI GRIN MACHT SICH IHR WISSEN BEZAHLT

- Wir veröffentlichen Ihre Hausarbeit,
  Bachelor- und Masterarbeit

- Ihr eigenes eBook und Buch -
  weltweit in allen wichtigen Shops

- Verdienen Sie an jedem Verkauf

Jetzt bei www.GRIN.com hochladen
und kostenlos publizieren

Bibliografische Information der Deutschen Nationalbibliothek:

Die Deutsche Bibliothek verzeichnet diese Publikation in der Deutschen National-
bibliografie; detaillierte bibliografische Daten sind im Internet über http://dnb.d-
nb.de/ abrufbar.

Impressum:

Copyright © 2008 GRIN Verlag, Open Publishing GmbH
Druck und Bindung: Books on Demand GmbH, Norderstedt Germany
ISBN: 9783640665884

Dieses Buch bei GRIN:

http://www.grin.com/de/e-book/153895/die-franzoesische-revolution-und-ihre-
errungenschaften

Rolf Tanner

Die Französische Revolution und ihre Errungenschaften

Kritik und Interpretationen bei Burke, Tocqueville und Marx

GRIN Verlag

GRIN - Your knowledge has value

Der GRIN Verlag publiziert seit 1998 wissenschaftliche Arbeiten von Studenten, Hochschullehrern und anderen Akademikern als eBook und gedrucktes Buch. Die Verlagswebsite www.grin.com ist die ideale Plattform zur Veröffentlichung von Hausarbeiten, Abschlussarbeiten, wissenschaftlichen Aufsätzen, Dissertationen und Fachbüchern.

Besuchen Sie uns im Internet:

http://www.grin.com/

http://www.facebook.com/grincom

http://www.twitter.com/grin_com

POLECO@BLUEMAIL.CH

Die Französische Revolution und ihre Errungenschaften – Kritik und Interpretationen bei Burke, Tocqueville und Marx

Vorlesung im Rahmen des Kurses „Master of Advanced Studies in Applied History / Modul: Revolutionen und Massenbewegungen"

Universität Zürich, Schweiz

Dr. phil.hist. Rolf Tanner, Wädenswil

2008
30. August

Inhalt

Einleitung

Zu Beginn dieses Morgens haben wir die Französische Revolution als das Stiftungsereignis der Moderne bezeichnet. Ihre Ergebnisse und ihre Wirkung fügen sich in vielerlei Hinsicht zur Grundlage unseres heutigen demokratischen Rechtsstaates, wie wir ihn in Europa und in Nordamerika, zunehmend auch in Teilen Asiens, Lateinamerikas und Afrikas kennen, mit den Menschenrechten als wichtigem, wenn nicht dem wichtigsten Element dieser politisch-gesellschaftlichen Ordnung. Auch unsere wirtschaftliche Verfassung des Kapitalismus, oder der freien Marktwirtschaft, baut in vielem darauf auf, was aus der Französischen Revolution hervorging.

Gerade die Verwerfungen des 20. Jahrhunderts zeigen aber auch deutlich, dass Demokratie und Rechtsstaat nicht zwangsläufig sind, und sich vielmehr immer wieder aufs Neue zu bewähren haben bzw. zu verteidigen sind. Da gab es einerseits die tödliche Bedrohung durch den Nationalsozialismus, der explizit den Gleichheitsgedanken der Revolution – alle Menschen sind gleich –, und den damit verbundenen Individualismus, verwarf. Da gab es aber andererseits auch den Kommunismus, den Stalinismus, der sich zwar vordergründig durchaus auf die Revolution berief – wir kommen mit Karl Marx noch darauf -, der aber an ihr besonders das Revolutionäre als solches betonte und von der von ihr ausgehenden Gewalt fasziniert war. Mit der Revolution verbundene Ideale – eben etwa die Menschenrechte - schob der Kommunismus zur Seite bzw. unterdrückte sie brutal.

Der lange Weg der Institutionalisierung der Revolution

Selbst in Frankreich dauerte es eine ganze Weile, bis die Revolution bzw. eine sich auf sie ohne Vorbehalte und mit grossem Stolz berufende gesellschaftlich-politische Ordnung sich letztlich durchsetzte, sprich: bis die Demokratie verankert war. Ich habe zwar heute Morgen darauf hingewiesen, bereits 1799 wäre eine Restauration der bourbonischen Feudalmonarchie unwahrscheinlich gewesen, nach 1815 erschien sie geradezu illusorisch. Das stimmt. Doch die Unmöglichkeit der Restauration ist nicht gleichzusetzen mit dem vorbehaltlosen Durchsetzen einer Ordnung, die sich auf die republikanischen, liberalen und demokratischen Prinzipien der Revolution beruft. Das geschah erst im Laufe der Zeit. Bereits die Herrschaft Napoleons brach mit einer zentralen Errungenschaft der Revolution, nämlich der republikanischen Verfassung: Napoleon Bonaparte bestieg den Thron als Kaiser, mit dem Ziel, eine eigene Dynastie aufzubauen, d.h., sein Sohn war daraus ausersehen, seine Nachfolge anzutreten: und zwar nicht bloss als konstitutioneller, zeremonieller Monarch, sondern als regierender Fürst – wie es Ludwig XVI. gewesen war. Auch in anderer Hinsicht entfernte sich Napoleon von der Revolution: das Konkordat von 1802 mit dem Papst stellte wenigstens bis zu einem gewissen Grad die Sonderstellung des Kirche wieder her. Kommt hinzu, dass Napoleon autoritär regierte, d.h., er schränkte die Freiheitsrechte auf vielerlei Weise ein. Die nach 1814/15 folgende bourbonische Restauration etablierte sogar aufs Neue die Dynastie, welche 1792 gestürzt worden war. Ludwig XVIII., der jetzt den Thron bestieg, war der Bruder des geköpften Ludwig XVI. Immerhin garantierte Ludwig XVIII. einige Grundrechte und Errungenschaften der Revolution, so die Rechtsgleichheit, die Abschaffung der Feudalordnung und einige Freiheitsrechte. Insofern versuchte Ludwig XVIII., unter dem Druck der Umstände, ein Kompromiss zwischen Revolution und Restauration. Doch als er starb, folgte ihm sein Bruder Karl X. als neuer König. Karl war immer schon ein vehementer Gegner der Revolution gewesen. Nach seiner Thronbesteigung war er bestrebt, das Rad der Geschichte endgültig hinter die Revolution zurückzudrehen. Das provozierte dann letztlich die Julirevolution von 1830 und den endgültigen Sturz der Bourbonen. An ihre Stelle trat Louis-Philippe, ein Prinz aus einer Seitenlinie der Bourbonen. Louis-Philippe, der in den Revolutionskriegen von 1792/93 an der Seite der Revolutionsarmee gekämpft hatte, nannte sich stolz der „Bürgerkönig", und seine Herrschaft war in vielem das, was in der ursprünglichen revolutionären Verfassung von 1791 eigentlich vorgesehen war, nämlich eine Herrschaft des mittleren und grossen Besitzbürgertums. Aber die Herrschaft von König Louis-Philippes, die 18 Jahre dauerte, war zwar der Versuch eines „modernen" Kompromisses zwischen Revolution und Tradition, doch unter völliger Verneinung der sozialen Komponente, welche die Revolution eben auch beinhaltet hatte. In einem Frankreich, das sich in der ersten Hälfte des 19. Jahrhunderts rapide industrialisierte und in dem das soziale Gefälle zwischen Arbeiterschaft und Bürgertum mindestens gleich rapide wuchs, war die soziale Frage von zentraler Bedeutung – doch Louis-Philippes Regime schenkte ihr schlichtweg keine Beachtung. 1848 führte dies schliesslich zur Explosion, zu einer neuen Revolution und zu einer neuen Republik – der ersten seit 1804. Sie war auch eine Demokratie, indem sie das bisher an Vermögen und Einkommen gebundene Wahlrecht auf alle ausdehnte (allerdings einmal mehr auch wiederum bloss auf die Männer). Doch die junge Republik wurde schon wenige Monaten nach ihrem Entstehen von einem Arbeiteraufstand bedrängt. Wie die Bürger beriefen sich die Arbeiter auf die Revolution von 1789, doch waren sie der Ansicht, dass mit dem Sturz der Monarchie und der Errichtung von Demokratie nur der erste Schritt in Richtung einer wahren, vollständigen Revolution getan war – sie wollten die Vergesellschaftung, die Sozialisierung der Produktionsmittel. Hier kündigte sich Marx an.

Die Republik von 1848 währte nur kurz, viel kürzer als jene von 1792 – nämlich bloss knapp 3 Jahre. Wie schon 50 Jahre früher riefen die auf die 1848er Revolution folgenden bürgerkriegsähnlichen inneren Wirren nach einem starken Mann, das von der Arbeiterschaft bedrängte und von der Bauernschaft unterstützte Bürgertum fand ihn schliesslich in einem anderen Bonaparte - einem Neffen von Napoleon dem Korsen. Aufgewachsenen im Schlösschen Arenenberg im Kanton Thurgau, seines Zeichens schweizerischer Artillerie-Offizier, bestieg Louis-Napoleon Bonaparte als Napoleon III. nach einigem Hin und Her 1852 den französischen Kaiserthron. Die Geschichte schien sich zu wiederholen, und der neue Kaiser modellierte seine Herrschaft denn auch ganz bewusst nach dem Vorbild seines Onkels, inklusive dessen Verständnis der Revolution. Napoleon III. sah in der Revolution vor allem den Ausgangspunkt für Frankreichs glorreichste Zeit, mit seinen zahllosen militärischen Siegen. Wie Napoleon I. führte sein Neffe manchen Krieg. Er half bei der Einigung Italiens mit; die Erlebnisse während der entscheidenden Schlacht von Solferino schockierten den zufällig anwesenden Genfer Kaufmann Henry Dunant so sehr, dass sie ihm fortan Antrieb waren, das Rote Kreuz zu gründen. Napoleon III. intervenierte sogar im fernen Mexiko, wo er den Bruder des österreichischen Kaisers auf den Thron setzte. Wie sein Onkel transformierte Napoleon III. Frankreich durch Bauten und Reformen auf. Und wie dieser herrschte er autoritär. Die Revolution als Quelle für Demokratie und Menschenrechte sagte Napoleon III. nichts.

Doch wie der Korse stolperte Napoleon III. schliesslich über seine militärischen Ambitionen. 1870 musste er im Deutsch-Französischen Krieg in der von den Preussen eingekreisten Stadt Sedan kapitulieren. Ohne Kaiser brach aber das Regime über Nacht zusammen. Wieder einmal wurden in Frankreich, genauer gesagt in Paris, Revolution und Republik ausgerufen. Doch wie 1848 dauerte die Euphorie nur kurz. Der Konflikt von Bürgertum und Arbeiterschaft war geblieben. Solange der Krieg gegen Deutschland anhielt, konnte der Gegensatz noch unter dem Deckmantel der nationalen Einheit übertüncht werden. Doch im Februar 1871 musste Frankreich die Waffen strecken, und während die preussischen Truppen noch vor Paris kampierten, brach der Bürgerkrieg in der Hauptstadt schon aus. Wiederum gewannen die Radikalen in Paris die Oberhand. Eine Kommune wurde ausgerufen, der Sozialismus als die wahre Inkarnation der Revolution von 1789 bestimmt, der republikanische Kalender wieder eingeführt, der jakobinische Klub restauriert, vermeintliche und tatsächliche Gegner der Kommune inhaftiert, der Erzbischof der Stadt erschossen. Doch in Versailles hatte sich mittlerweile eine konservativ-bürgerliche Gegenregierung gebildet, welche die Kommune bekämpfen wollte. Sie befahl der trotz Kriegsniederlage nach wie vor intakten französischen Armee, gegen Paris vorzurücken. Unter dem Kommando von Marschall Patrice MacMahon wurde die Stadt nach blutigen Strassenkämpfen erobert. Tausende kamen um.

Mit dem Sieg über die Kommune im Rücken wählte die Nationalversammlung MacMahon zum Präsidenten – wiederum ein starker Mann! Anschliessend beriet sie intensiv darüber, ob die Bourbonen zurückgerufen werden sollten. Eine Mehrheit war dafür, wollte aber, dass die alte Königsdynastie nun endlich die Revolution akzeptierte; symbolisch dafür sollten die Bourbonen die Trikolore als Fahne Frankreichs anerkennen. Der bourbonische Prinz aber weigerte sich; er wollte das alte, vorrevolutionäre Lilienbanner zurück. Die Nationalversammlung stimmte nochmals darüber ab, ob man ihm dennoch die Krone anbieten sollte. Mit einer einen einzigen Stimme wurde das abgelehnt – ein bisschen *faute de mieux* blieb Frankreich damit eine Republik, und ist es bis heute geblieben.

Es war unter dieser Dritten Republik, unter der sich die Akzeptanz der Revolution und von dessen, wofür sie stand – Demokratie, Rechtsgleichheit, Menschenrechte, aber auch Kapitalismus und Trennung von Kirche und Staat – schliesslich durchsetzte und gewissermassen zum unabdingbaren Teil der französischen Identität wurde. Die Voraussetzungen dafür waren zunächst alles andere als günstig. Denn die Dritte Republik war wenig beliebt. Die Armee, der Klerus, der nach wie vor in einem ländlich geprägten Frankreich einflussreiche, da grundbesitzende Adel, aber auch grosse Teile der tiefkatholischen Bauern und, aus diametral entgegengesetzten Gründen, die rasch wachsende, sozialistisch gesinnte Industriearbeiterschaft standen der III. Republik anfänglich feindselig gegenüber. Sogar die Pariser Grossbourgeoisie konnte sich nur mässig für sie erwärmen. Die Dritte Republik war vor allem eine Republik der Anwälte, Lehrer, Händler und Kaufleute aus der Provinz. Es war ein wenig erhebendes Staatswesen, mit korrupten Auswüchsen und einem zum Teil als streitsüchtig und kleinkariert herüber kommenden Parlamentarismus. Die Ministerpräsidenten wechselten fast im Jahrestakt. Doch Instabilität und Theatralik waren vor allem an der Oberfläche. Anwälte, Lehrer, Kaufleute – das waren jene Schichten, die sich von der Inkorporierung und Integration der Revolution und der damit verbundenen Ideale und Vorstellungen am meisten erhofften. Sie waren es, welche durch stetige, wenn auch unspektakuläre Reformen und Gesetze die Kräfte, welche der Revolution ablehnend oder kritisch gegenüber standen, nach und nach zurückdrängten bzw. sie dazu brachten, sich schliesslich zur Revolution zu bekennen. Der letzte grosse Schritt in diese Richtung war die Trennung von Kirche und Staat von 1905, welche die über Jahrhunderte dominante Stellung der katholischen Institution im öffentlichen Leben Frankreichs beendete. Nach und nach setzte sich durch, dass sich Frankreich nur noch als parlamentarische, demokratische Republik verstand. Es war ein langwieriger und mühsamer Prozess, und das Pétain-Regime während des Zweiten Weltkriegs sah noch einmal all jene anti-revolutionären und reaktionären Kräfte sich regen, die sich seit 1789 gegen Menschenrechte, Demokratie und bürgerliche Freiheiten verschworen hatten. Erst die komplette Diskreditierung dieser Kräfte durch ihre Assoziation mit den verhassten Besatzern entzog ihnen schliesslich endgültig den Boden. Mehr als 150 Jahre nach der Einberufung der Generalstände, in der Mitte des 20. Jahrhunderts, hatte sich die Revolution auch in ihrem Ursprungsland endgültig durchgesetzt, war sie von der grossen Mehrheit der Bevölkerung akzeptiert.

Kritik und Interpretationen der Revolution

Der gewundene Pfad zur Akzeptanz der Revolution in Frankreich verdeutlicht, dass alles auch hätte anders herauskommen können. Was, wenn Ludwig XVI. über eine andere Persönlichkeit verfügt hätte und sich an die Spitze einer Reformbewegung gestellt hätte? Das ständisch-feudale Frankreich wäre wohl zur konstitutionellen Monarchie umgestaltet worden; das englische Vorbild, so beschworen von Montesquieu, hätte sich durchgesetzt. Vor allem aber wären Europa die Revolutions- und napoleonischen Kriege höchstwahrscheinlich erspart geblieben; Bonaparte hätte stattdessen mit 50, nach einer wenig spektakulären Offizierskarriere, seinen Abschied als Artillerieoberst genommen und den Lebensabend, mit einer kleinen Rente, auf dem elterlichen Gut auf Korsika verbracht. Oder aber, das wäre eine andere Alternative gewesen, Ludwig XVI. hätte die revolutionäre Bewegung brutal unterdrückt. Zumindest nach dem Bastille-Sturm hätte er wohl dazu noch die Mittel gehabt, denn die Armee war nach wie vor intakt und stand hinter der Krone. Ob allerdings damit die ständisch-feudale Monarchie auf Dauer hätte gesichert werden können, ist zu bezweifeln. Innerlich war sie wohl bereits zu weit ausgehöhlt.

So wie der Erfolg der Revolution immer wieder ungewiss war und die Durchsetzung der mit ihr verbundenen Werte und Vorstellungen in der Schwebe blieben, ebenso verschieden waren die Interpretationen und Meinungen zur Revolution selbst – und zum Teil sind sie es bis heute geblieben, auch wenn, wenigstens in Europa und weiten Teilen der übrigen Welt wenigstens Demokratie und Menschenrechte als Werte kaum mehr angezweifelt werden. Die revolutionäre Gewalt dagegen, welche die Ereignisse von 1789-99 begleitete, war immer schon sehr kontrovers beurteilt worden, nicht zuletzt deshalb auch, weil sie natürlich viele der revolutionären Grundsätze und Werte ganz direkt verletzte und diskreditierte. Ebenso kontrovers war aber auch immer schon die Frage, inwiefern denn die Revolution wirklich dermassen ein Bruch war, wie das der Begriff selbst vermuten lässt, oder ob nicht vielmehr auch Kontinuitäten vorherrschten. Ich möchte diesen Morgen zur Französischen Revolution damit abschliessen, indem ich ausführlicher auf drei Persönlichkeiten eingehe, die sich in ihrem Werk ausgedehnt mit der Revolution auseinandergesetzt haben und die damit deren Rezeption in der Geschichtsschreibung, aber auch in Philosophie und Literatur massgeblich geprägt haben. Ihre Positionen zur Revolution bzw. ihr Fazit der Revolution ist sehr unterschiedlich: Edmund Burke war ein vehementer, polemischer Gegner, der die Revolution instinktiv und intellektuell zutiefst ablehnte. Alexis de Tocqueville teilte Burkes Gedanken in vielerlei Hinsicht, machte sie aber zum Gegenstand seiner wissenschaftlichen Untersuchungen und hatte damit eine grössere Distanz zu den Ereignissen, was ihn sie aber auch nüchterner beurteilen lässt. Der dritte im Bund ist Karl Marx. Für ihn war die Revolution ebenfalls unvermeidlich, ja notwendig; vor allem aber war sie die Schablone, die seine eigenen revolutionären Ideen formierten bzw. diese weitgehend vorgaben.

Edmund Burke

Obwohl er nie für längere Zeit ein Regierungsamt innehatte, war Burke einer der einflussreichsten Politiker Englands im letzten Drittel des 18. Jahrhunderts, mit glänzendem rhetorischem und polemischem Talent und voller Intelligenz, Witz, aber auch ätzendem Spott. Geboren 1729 in Irland als einziger Sohn eines anglikanischen Beamten und einer verarmten katholischen Adeligen, studierte er am renommierten Dubliner Trinity College Jurisprudenz. Er schloss indes nie ab. Stattdessen widmete er sich insbesondere literarischen und historischen Debatten und gründete einen eigenen Klub, der bis heute fortbesteht. 1750 zog er nach London, um seine Rechtsstudien wieder aufzunehmen, gab sie jedoch ein zweites Mal auf und bereiste nun Europa. 1756 publizierte er ein erstes politisches Buch, das allerdings nicht ihm, sondern einem Lord Bolingbroke zugeschrieben wurde. *A Vindication of Natural Society: A View of the Miseries and Evils Arising to Mankind* war eine Abhandlung über den Anarchismus. Burke behauptete später, das Werk sei in erster Linie satirisch gemeint gewesen, doch noch heute gilt der Text unter Anarchisten als erster, ernst zunehmender moderner Beitrag zu ihren Ansichten. Wenig später veröffentlichte Burke eine weitere Schrift, die sich mit dem menschlichen Emotionen und dem Schönheitssinn beschäftigte. Das Buch wurde mit Interesse von den führenden Philosophen der Zeit – wie etwa Immanuel Kant oder Denis Diderot – gelesen und positiv kommentiert. Es begründete Burkes Ruf als Intellektuellen und Denker, und fortan konnte er von seinen schriftstellerischen Werken leben, wenn auch zeitweise mehr schlecht als recht.

Burke wandte sich der Politik zu. 1765 wurde er ins britische Parlament gewählt, wo er bis zu seinem Tod verblieb. Er schloss sich den Whigs an, der liberalen Partei. Er war ein Verfechter der Beschränkung der Macht der Könige und verteidigte die Notwendigkeit einer starken Opposition. Er ergriff Partei für die amerikanischen Rebellen und war gegen den Krieg. Dessen Beendigung war nicht zuletzt auf seine Reden im Unterhaus zurückzuführen. Burke forderte auch die Emanzipation der Katholiken im britischen Königreich (dem damals auch Burkes vorwiegend katholische Heimat Irland angehörte); seit dem 17. Jahrhundert waren diese davon ausgeschlossen, öffentliche Aemter zu bekleiden. Einen Grossteil seiner letzten Jahre im Parlament widmete Burke dem Kampf gegen die Praktiken der East India Company in Indien. Mit dem ihm eigenen rhetorischen Feuerwerk prangerte er die koloniale Ausbeutung in Indien und vor allem die schamlose Bereicherung durch Beamte der Company an. 1787 erreichte er, dass der Generalgouverneur von Bengalen, Warren Hastings, wegen Korruption abgesetzt und vor dem Parlament angeklagt wurde. Der Prozess zog sich jahrelang hin. Burkes unablässige Brandreden gegen Hastings wirkten schliesslich kontraproduktiv. Die öffentliche Meinung solidarisierte sich nach und nach mit Hastings, und dieser wurde 1795 schliesslich freigesprochen. Zwei Jahre später starb Burke.

Angesichts dieses doch auf den ersten Blick recht tadellosen liberalen Engagements erstaunt es vielleicht etwas, dass Burke unter den schärfsten und scharfsinnigsten Kritikern der Französischen Revolution zu finden ist. Denn vieles von dem, wofür Burke in seinem politischen Leben kämpfte, schien auch von den französischen Revolutionären geteilt zu werden. Doch im November 1790 publizierte Burke eine Schrift – *Reflections on the Revolution in France* -, welche mit den Ereignissen in Frankreich vehement abrechnete. Sein Hauptkritikpunkt war, dass die geistigen Grundlagen der Französische Revolution auf abstrakten, simplistischen Doktrinen beruhten, welche der komplexen und widersprüchlichen Natur des Menschen nicht Rechnung trugen. Damit aber war die Revolution dazu verurteilt, im Desaster zu enden. Burke stellte nicht in Abrede, dass die Untertanen das Recht hätten, sich gegen eine ungerechte Regierung, einen tyrannischen König aufzulehnen. Er selbst hatte ja die Rebellion der Amerikaner wie auch die Beschränkung der königlichen Allmacht in England unterstützt. Als Protestant lehnte Burke das Gottesgnadentum der Monarchie – die Vorstellung, der König sei einzig und allein gegenüber Gott verantwortlich und rechenschaftspflichtig – ebenso ab. Doch Burke postulierte, dass sich Widerstand innerhalb des natürlich gewachsenen politischen Systems zu artikulieren und manifestieren habe. Insofern war Burke ein Verfechter des Grundsatzes „Reform anstatt Revolution". Was die Gleichheit der Menschen anbelangt, lehnte Burke diese zwar nicht grundsätzlich ab, betonte aber, dass in der Praxis diese Idee wertlos, ja gefährlich sei. Denn aufgrund von Erziehung, Talent und Charakter waren die Leute sehr wohl unterschiedlich, auch was die Uebernahme und Erfüllung von verschiedenen Rollen und Aufgaben im Leben anbelangt. Burke stand der Demokratie sehr skeptisch gegenüber, weil seiner Ansicht nach die Masse der Bevölkerung nicht fähig war, sich selbst zu regieren. Stattdessen sollte die Regierung in den Händen einer sich im Laufe der Zeit herausgebildeten Elite liegen, die sich aber immer wieder zu bewähren hatte und bei Unfähigkeit im Rahmen des verfassungsmässigen Prozesses ausgewechselt und abgelöst werden musste.

Burkes Streitschrift fand ein nachhaltiges Echo, nicht nur in England, sondern auch in Frankreich und sogar in den noch sehr jungen USA. Viele politischen Weggefährten in England, die Sympathien für die Revolution empfanden, trennten sich von Burke. Kritisiert wurde nicht nur das Gedankengerüst des Texts, sondern auch der militante Ton der Publikation und vor allem die vielen faktischen Fehler, die sich in dem Essay fanden. Für viele war die Streitschrift ein Zeichen dafür, dass Burke – vielleicht erschöpft durch den jahrelangen Kampf gegen Hastings - den Sinn für die Realitäten verloren habe. Andere warfen ihm Verrat an seinen früheren Ideen vor. Allerdings: bedeutende Zeitgenossen teilten Burkes Analyse: so etwa die amerikanischen Politiker und Freiheitskämpfer George Washington, Alexander Hamilton und John Adams. Auch die Mehrheit der Whig-Partei schloss sich schliesslich nach einigem Zögern Burkes Meinung an und unterstützte die konservative britische Regierung im Krieg gegen das revolutionäre Frankreich.

Tocqueville

Alexis Tocqueville teilte in vielem die Kritik und die Präferenzen Burkes. Als Persönlichkeit war er allerdings weit weniger farbig als dieser. 1805 als Sohn eines normannischen Adeligen geboren, studierte er Jurisprudenz und schlug daraufhin eine Gerichtslaufbahn ein. Anfangs der 1830er Jahre wurde Tocqueville in die USA geschickt, um den dortigen Strafvollzug zu studieren. Diese mehrmonatige Reise hinterliess bei ihm einen nachhaltigen Eindruck; er war beeindruckt von der kleinräumigen, föderalistischen Demokratie, wie sie sich im vorindustriellen Amerika entfaltet hatte. Nach seiner Rückkehr publizierte er deshalb das erste seiner Hauptwerke – *De la démocratie en Amérique*. Das Buch war ein durchschlagender Erfolg und sicherte Tocqueville die Aufnahme in die Académie française. Tocqueville wechselte nun die Seiten, wurde Advokat und schliesslich Parlamentsabgeordneter. Das blieb er bis 1851. Er schloss sich den Liberalen an und kämpfte für den Freihandel. Er war auch ein intensiver und kritischer Beobachter der Kolonisierung Algeriens, die er indes im Grundsatz befürwortete. 1848, nach dem Sturz von Louis-Philippe, verstärkte er seine politischen Aktivitäten und nahm nun eine Mitte-Position ein, kämpfte sowohl gegen die sozialistische Linke wie auch die bonapartistische Rechte. Im Juni 1849 wurde er Aussenminister, trat aber bereits im Oktober wieder zurück. Tocqueville zog sich schliesslich aus der Politik zurück und widmete sich danach nur noch seinen wissenschaftlichen Studien. 1856 entstand sein zweites Hauptwerk, eine umfassende Analyse der Französischen Revolution, die er unter dem Titel *L'Ancien Régime et la Révolution* publizierte. Nur der erste Band ist komplett; der zweite blieb ein Fragment, da er 1859 an Tuberkulose starb.

Tocquevilles Untersuchung der Revolution ist nicht zu trennen von seiner vorgängigen Betrachtungen zu den USA und zur Demokratie. Bei *L'Ancien Régime et la Révolution* –

wählt er einen institutionengeschichtlichen Ausgangspunkt. Tocqueville untersuchte die politischen und Verwaltungsstrukturen Frankreichs vor und nach der Revolution und kam dabei zum Schluss, dass die Revolution keineswegs ein totaler Bruch war, sondern dass verwaltungsmässig eigentlich Kontinuität herrschte. Er verwies darauf, dass die Zentralisierung, die den Höhepunkt erreichte unter der Kriegsdiktatur der Jakobiner, bereits mit Ludwig XIV. eingeleitet worden war, durch dessen Reformen des Staatsapparates. Bis zu Ludwig XVI. lag nämlich dieser in den Händen von Beamten, die ihr Amt – das *office* - kauften bzw. erbten. Damit verbunden war die Nobilitierung, d.h., wer ein *office* sein Eigen nennen konnte und damit ein *officier* war, war in der Regel auch von Adel – wenn auch von Amtsadel *(noblesse de robe)* und nicht vom angeseheneren, weil älteren Schwertadel *(noblesse d'épée)*. Ludwig XVI. stülpte diesem – aus der Sicht eines absoluten Monarchen – wenig lenkbaren Staatsapparat eine parallele Struktur von ernannten Beamten über, den sogenannten Intendanten. Da die Intendanten ernannt waren, waren sie dem König direkt verantwortlich, ihm Rechenschaft schuldig und vor allem von ihm abhängig. Intendanten konnten – im Gegensatz zu den *officiers* – abgesetzt bzw. versetzt werden. Zudem konnte jedermann Intendant werden, also auch Nichtadelige. Die Intendanten waren also die ersten Beamten modernen Typs; ihre Karriere hing von ihrer Leistung und Loyalität ab, und nicht von ihrer Finanzkraft und sozialen Stellung ab. Die Revolution übernahm dieses System, wenn auch unter anderem Namen.

Tocqueville dehnte seine Untersuchung der Verwaltung auch auf andere Gebiete aus, wo er rasch Parallelen entdeckte: die Vereinheitlichung der Verwaltung beschleunigte z.B. die Herausbildung gemeinsamer politischer und kultureller Werte in ganz Frankreich, und das wiederum wirkte fördernd auf die administrative Vereinheitlichung des Landes. In dem Sinn ging für Tocqueville die Gleichheit der Französischen Revolution voraus und war nicht deren Errungenschaft (höchstens im Sinne einer rechtlichen Kodifizierung). Hier setzt nun die Verbindung zu seinen Betrachtungen über die Demokratie ein. Für Tocqueville ist das Hauptmerkmal der Demokratie die Gleichheit der Ausgangsbedingungen für alle. In einer aristokratischen Gesellschaft ist das nicht der Fall; sie ist gekennzeichnet durch die Ungleichheit der Ausgangsbedingungen, denn die Geburt legt fest, wer was ist und für den Rest seines Lebens bleiben wird. In der Demokratie dagegen sind alle Menschen frei, d.h., gleich geboren, und ihre spätere Stellung ergibt sich aus dem, was sie daraus machen. Für Tocqueville gehören also Freiheit und Gleichheit untrennbar zusammen.

Für Tocqueville war diese Entwicklung von Aristokratie zu Demokratie nicht gerade zwangsläufig, aber doch stark vorgegeben, und das nicht zuletzt deshalb, weil der Adel seine Pflicht als Schutzherr des Dritten Standes vernachlässigt hatte. Denn die Sonderstellung des Adels konnte sich nur rechtfertigen, wenn er im Gegensatz dazu dem Dritten Stand Schutz gewährte. Dies geschah aber nicht mehr, nachdem der Adel die Steuerpflicht allein dem Dritten Stand überbürdete. Für Tocqueville war klar, dass ab diesen Zeitpunkt der Dritte Stand die Sonderstellung des Adels bzw. die feudal-ständische Monarchie nicht mehr als legitim empfand.

So kühl Tocqueville die Bedingungen für die Revolution analysierte, so sehr stand er der Revolution selbst skeptisch gegenüber. Er ging zwar nicht so weit wie Burke, der die Gleichheit der Menschen als theoretisches und realitätsfremdes, gefährliches Konstrukt verwarf. Doch auch Tocqueville glaubte, dass die Freiheit letztlich die meisten Menschen überfordere. Mochte die aristokratische Ordnung auch durch Ungleichheit und damit Unfreiheit gezeichnet gewesen sein, so hatte sie doch jedem einen klaren Platz zugewiesen, mit einigermassen klar umschriebenen Funktionen. In einer demokratisch-egalitären Ordnung dagegen musste sich jeder seine Position erkämpfen. Das führt zu Instabilität und Gewalt, verhilft den niedrigsten Instinkten zum Durchbruch. Bezeichnend ist denn auch folgendes Zitat aus seinem Werk:

> „Der Gegensatz zwischen der Menschenfreundlichkeit der Theorien, welche der Revolution zugrunde lagen, und den Gewaltakten, welche einer der befremdlichsten Charakteristika der Französischen Revolution waren, überrascht eigentlich nicht, wenn in Betracht gezogen wird, dass diese Revolution von den zivilisiertesten Klassen der Gesellschaft vorbereitet, aber von den brutalsten Klassen ausgeführt worden ist."

Tocqueville hält denn auch die Demokratie nur für möglich in kleinen, überschaubaren Gemeinschaften. In grösseren, zentralisierten Staaten, wie das im spätabsolutistischen Frankreich der Fall war, musste dagegen die Demokratie zur Despotie verkommen. Aus diesem Grund bewunderte er die amerikanische Demokratie der 1830er Jahre, in der die Bürger die anstehenden Probleme auf der untersten Ebene des Staates, in der Gemeinde, gemeinsam und konstruktiv lösten. Tocqueville war deshalb auch ein energischer Befürworter des Föderalismus. Zudem sah er im Streben nach materiellem Wohlstand in Verbindung mit einem strengen Arbeitsethos eine weitere Schranke gegen den Durchbruch der von ihm so gefürchteten „niedrigen Instinkte". Besitztum, und der

Gedanken an seinen möglichen Verlust in Zeiten politisch-revolutionärer Instabilität, wirkten gemäss ihm als zusätzliche mässigende Einflüsse.

Marx

Kommen wir zum dritten Denker: zu Karl Marx. Er ist von allen der bekannteste, und ich brauche ihn hier nicht im Detail vorzustellen. Nur soviel: Marx wurde 1818 in Trier geboren, in einer westdeutschen Stadt nahe an der französischen Grenze. Die Stadt wurde denn auch bereits 1794, also in der frühen Phase der Revolutionskriege, von französischen Truppen erobert und bald darauf annektiert. Die Stadt blieb bis 1814 bei Frankreich und wurde danach Preussen zugeschlagen. Sie war tiefkatholisch; Preussen dagegen ein protestantischer Staat. In der Folge setzte sich in der Bevölkerung eine oppositionelle Stimmung fest, die den jungen Marx – wohl wissentlich oder unwissentlich – prägte. Die Familie Marx war allerdings jüdisch, stand also in einer doppelten Opposition zur Mehrheit. Allerdings konvertierte der Vater 1816 zum Protestantismus, um sein in der französischen Revolutionszeit gewonnenes Amt als Justizrat behalten zu können.

Im Gegensatz zu Burke oder Tocqueville widmete sich Marx in keiner seiner umfangreichen Schriften ausschliesslich der Französischen Revolution. Aber Marxens ganzes Gedankengerüst ist nicht denkbar bzw. nicht verständlich ohne die Französische Revolution. Er verfocht eine ökonomisch-materialistische Geschichtsauffassung. Danach ist die menschliche Geschichte nichts anders als ein ständiges Aufeinander von Klassenkämpfen. Treibende Kraft dieser Klassenkämpfe ist der Widerspruch zwischen Produktivkräften und Produktionsverhältnissen. Unter Produktivkräften versteht Marx die Art und Weise, wie die Menschen ihre materiellen Notwendigkeiten und Bedürfnisse tagtäglich mit ihrer Arbeit befriedigen, um ihr physisches Ueberleben sicherzustellen: sei es als Bauern in der Landwirtschaft, sei es als Handwerker im Gewerbe. Produktionsverhältnisse sind dagegen die Art und Weise, wie auf einer gesellschaftlichen und gesamtwirtschaftlichen Ebene die Produktivkräfte organisiert sind: die gesetzlichen Rahmenbedingungen, die Staatsform, die Ordnung der gesellschaftlichen Kräfte (Kirche, Zünfte, Interessenverbände) und vieles mehr. Durch permanente technologische Fortschritte verändern sich die Produktivkräfte; damit treten sie mit den Produktionsverhältnissen zunehmend in eine Spannung, denn diese sind träger und entwickeln sich langsamer als die Produktivkräfte. Es kommt der Zeitpunkt, in dem sich diese Spannung in einer Revolution schlagartig lösen, d.h., es entstehen neue Produktionsverhältnisse. Vereinfachend gesagt sieht Marx mehrere Phasen in der Menschheitsgeschichte: von einer ursprünglichen, urkommunistischen Ordnung geht es über zur Sklavenhaltergesellschaft, die er im wesentlichen mit der Antike gleichsetzt. Danach folgen Feudalismus (Mittelalter), Kapitalismus (Neuzeit) und schliesslich wieder – nach der proletarischen, letzten Revolution – der Kommunismus. Eine bestimmte Phase von Produktionsverhältnissen ist mit der Herrschaft einer bestimmten Klasse verbunden: Im Feudalismus ist das der Adel, im Kapitalismus das Bürgertum, im Kommunismus das Proletariat.

Aus der Sicht von Marx war die Französische Revolution folglich nichts anderes als eine Episode, nämlich die Ablösung der feudalistischen Produktionsverhältnisse durch die kapitalistischen Produktionsverhältnisse. Allerdings nimmt sie in der Marxschen Gedankenwelt durchaus eine herausragende Stellung ein. Sie ist es, die in vielerlei Hinsicht das Denken von Marx prägt, ihm überhaupt erst die Idee von der Revolution als einer treibenden Kraft der Geschichte eingibt. Sie bleibt auch in vielerlei Hinsicht der verbindliche Interpretationsraster, den Marx bei seinen weitläufigen Analysen einsetzt. Die von ihm hautnah und direkt erlebte März-Revolution von 1848 sieht und erforscht er weitgehend durch das Prisma der Französischen Revolution. Eine seiner Hauptschriften, die sich mit der Machtgewinnung von Napoleon III. in Frankreich auseinandersetzt, trägt denn auch, in Analogie zur Französische Revolution, den programmatischen Titel „Der 18. Brumaire des Louis Napoleon" (der spätere Napoleon III).

Marx untersucht eingehend einzelne Aspekte der Französischen Revolution. Drei Aspekte sollen zum Abschluss etwas näher angeschaut werden. Zuerst die Dauer der Revolution. Im Gegensatz zur heutigen historiographischen Praxis umfasst für Marx die Französische Revolution den Zeitraum von 1789 bis 1815, d.h., er schliesst die napoleonische Periode mit ein; ja, in einzelnen Fällen dehnt er die Revolution bis 1830, d.h., bis zur zweiten Vertreibung der Bourbonen und bis zur Julirevolution aus. Aus seiner Sicht macht diese Verlängerung durchaus Sinn, denn sie markiert doch die Ablösung der feudalistischen durch die kapitalistischen Produktionsverhältnisse und damit verbunden die Machtergreifung durch die Bourgeoisie. Schon vorher steht Napoleons Machtergreifung für die Konsolidierung der revolutionären Errungenschaften, d.h., die Abschaffung der feudalen Ordnung und die Kodifizierung von Rechtsgleichheit. Doch die napoleonische Konsolidierung bedeutet auch die Abwehr der noch radikaleren

Forderungen der Sansculotten während des Höhepunkts des jakobinischen „terreur" der Jahre 1793/94.

Das leitet über zum zweiten Aspekt. Es ist dies der „terreur" selbst. In den Pariser Sansculotten, die in enger Verbindung mit den jakobinischen Montagnards des Nationalkonvents wirken, erkennt Marx ein frühes Proletariat, das quasi direkt, aus dem Feudalismus kommend, die kommunistische Revolution anstrebt. Getreu seiner materialistischen Weltansicht mussten die Sansculotten aber scheitern, weil die Produktivkräfte zu jenem Zeitpunkt noch nicht so weit gediehen waren, um direkt von feudalistischen zu kommunistischen Produktionsverhältnissen überzugehen. Nach Marx ist es ein unabänderliches Gesetz der Geschichte, dass auf das feudalistische Zeitalter zuerst das bürgerliche folgen muss. Insofern war die Sansculotterie, wie er diese Phase nennt, eine verfrühte Revolution, die scheitern musste. Thermidor und die Machtergreifung Napoleons waren nicht zu vermeiden, ja – aus seiner Sicht - notwendig.

Schliesslich zum dritten Aspekt, nämlich der Rolle der Aufklärung. Für Marx waren die Postulate von Freiheit und Gleichheit der Menschen nichts anderes als wirtschaftliche Maximen, die dem aufstrebenden Bürgertum bzw. den kapitalistischen Produktionsverhältnissen am besten entsprachen. Für Marx haben die Menschenrechte eigentlich keine universelle oder zeitlose Bedeutung; vielmehr sind sie, unter den spezifischen Bedingungen der spätfeudalistischen Periode, nichts anderes als die ideologischen Forderungen der nach der Macht greifenden Bourgeoisie. Die Bedeutung der Menschenrechte liegt für Marx darin, dass es dank ihnen dem Bürgertum gelang, das werdende Proletariat, aber auch die Masse der Bauern für seine Forderungen zu gewinnen. Die Menschenrechte waren also nach ihm kaum mehr als ein leeres Versprechen, ein in erster Linie taktisches Kalkül, das – nachdem sich das Bürgertum durchgesetzt hatte – wieder aufgegeben wurde. Marx konnte in einer Gleichheit, die sich nur rechtlich und nicht auch materiell, d.h., in der Gleichmässigkeit von Besitz und Einkommen äusserte, keine wirkliche Gleichheit sehen.

Ausblick

Kommen wir zum Schluss: so selbstverständlich heute die mit der Revolution verbundenen Errungenschaften wie Menschenrechte sind, so wenig sind sie selbstverständlich und würden sich quasi automatisch kraft ihrer Potenz allein durchsetzen. Wie die Revue der drei Denker und Revolutionskritiker Burke, Tocqueville und Marx zeigt, sind individuellen Freiheiten ja durchaus nicht immer unproblematisch. Gleichheit und Freiheit bleiben abstrakte Normen, wenn der einzelne, dem sie gegeben werden, zum Beispiel letztlich durch materielle Not immer zurückgebunden bleibt. Freiheit bringt auch die Bürde der Verantwortung, im Besonderen für sich selbst und das eigene Leben. Freiheit bedingt Wahlfreiheit, aber beinhaltet auch die Gefahr der falschen Wahl, des fatalen Irrtums. Freiheit bleibt damit verbunden mit Gefahr und Angst, und dies kann zu Ueberforderung führen. Tocqueville spricht von der Unfreiheit und Ungleichheit der ständischen Ordnung, aber auch von der Sicherheit und Bestimmung, welche diese Ordnung mit sich brachte, wenigstens auf einer abstrakten Ebene. Jeder hatte dort eine Rolle zu spielen, die nicht angezweifelt wurde bzw. gar nicht angezweifelt werden konnte. Eine solche Ordnung kann durchaus ihren Reiz haben und – so sah es wenigstens Burke – entspricht vielleicht in vielerlei Hinsicht ebenso der Natur des Menschen wie das Streben und die Sehnsucht nach Freiheit und Gleichheit, die wir hier auch einmal gleichsetzen können mit Gerechtigkeit. Dennoch: es war letztlich die Unfreiheit und Ungleichheit der ständischen Ordnung Frankreichs, welche den Boden bereitet für das Verlangen nach Aenderung, Umgestaltung, und als diese nicht erreichbar schienen: für Rebellion und letzten Endes Revolution.